Theobaldus Noblot

Kurzer Bericht, wie man sich mit göttlicher Hilfe vor der Pestilenz

verhüten und bewahren soll

Theobaldus Noblot

Kurzer Bericht, wie man sich mit göttlicher Hilfe vor der Pestilenz verhüten und bewahren soll

ISBN/EAN: 9783743608429

Hergestellt in Europa, USA, Kanada, Australien, Japan

Cover: Foto ©Lupo / pixelio.de

Manufactured and distributed by brebook publishing software (www.brebook.com)

Theobaldus Noblot

Kurzer Bericht, wie man sich mit göttlicher Hilfe vor der Pestilenz verhüten und bewahren soll

Kurtzer bericht/

Wie man sich

mit Göttlicher hülff vor
der Pestilentz verhüten vnd bewahren sol/ vnd so einer damit behafftet
ihme geholffen werden
möge:

Gestelt vnnd erfahren zu

Leon/ Genff/ vnnd Mümpelgart
durch den Hochgelehrten D. Ioan. Bauhinum, des Hochgebornen vnd Durchleuchti-
gen Fürsten vnd Herrn/ Herrn Friderichen Her-
tzogen zu Würtemberg vnd Teck/ Graffen zu Mümpelgart/ ꝛc. Leibs
Medicum:

Vnd in Teutsche Spraach in
Truck verfertiget

Durch
Theobaldum Noblot, ihr Fürstli-
chen Gnaden Apotecker zu
Mümpelgart.

Getruckt zu Mümpelgart/ durch
Jacob Foillet/ Fürstlichen Wür-
tembergischen Buchtruckern.

Dem Durch=
leuchtigen/Hochgebornen
Fürsten vnd Herrn/ Herrn Fride=
rich/Hertzoge zu Würtemberg vnd Teck/
Graffen zu Mümpelgard/rc. Meinem
gnädigen Fürsten vnnd
Herren.

Vrchleuchtiger/hoch=
geborner Fürst/ gnädiger
Herr. Niemand ist/er sey
reich oder arm / dem von
Gott ein rechten Ver=
stand gegeben / der da die
gesundheit nicht für das gröste Kleinot/
so wir hie auff Erden haben vnd besitzen/
achte vnd erkenne. Darumb daß vor zei=
ten die Heyden dieselben als ein Göttin

A ij

angebettten vnd geehret. Weil nun die
gesundheit ein solche gaab/wie hoch wer=
den zu achten sein die / durch welcher
Weißheit / Fürsichtigkeit vnnd fleiß vns
dieselbige / so sie gegenwertige / erhalten/
vnd so sie abwesende / wider zu wegen ge=
bracht wirdt? Dann ob gleich Gott al=
lein der gesundheit Geber ist/so braucht er
doch sonderlicher Menschen hülff darzu/
als mittel. Welches / nun heutiges tags
nicht allein an viel wolgeübten vnnd ge=
schickten Artzten erscheinet / sonder auch
vnd fürnemlich an E.F.G. welche Gott
als ein wahren Vatter des Vatterlands
vnnd seiner lieben Vnterthanen erweckt
vnd fürgesetzt. Wem ist jetzund nicht be=
wußt mit was mühe vnd kosten E.F.G.
newlich das wunderliche heilsam new
Bad/ nicht weit von Göppingen/ꝛc. ha=
ben lassen graben/ bauwen / vnd nicht al=
lein mit schönen Lusten zieren? Sonder
auch ihrer F. G. Leib Medicj des weitbe=
rümbten / hochgelehrten vnd erfahrnen/
Iohannis Bauhini rhat vnd fleiß darin=
nen gebraucht / vnd durch jn jedermenig=
lichen

lichen solches heilsam Bad zubeschreiben
befohlen. Wie es dann jetzt schon albereit
im Werck ist: Hiezwischen dieweil hin
vnd wider die schädliche sucht der Pesti=
lentz sich erzeigt/vnd in etlichen örtern im
Würtemberger Land mercken lassen/ hat
E.F.G.auff alle mittel vnd weg gedacht/
wie doch dem armen/ vñ an vilen örtern/
da keine Medici seind/etlicher massen mö
ge geholffen werden/vnd hiemit Vätter=
lichen von erstermeltem dero Medico be=
geret/die medicaméta,die er glücklich ge=
braucht vnd erfahren hat in der grawsa=
men Pestilentz zu Leon/ Anno 1564. da
er allein Bestelter ist gewest/ vnd auch zu
Genff anno 1568. vnd 1569. vnd Müm=
pelgart anno 1575.vnd andere mahl / da=
rauß mäniglich erlehrnen möchte / wie
er sich in diesem sterbens lauffen verhal=
ten solte / sonderlich / weil/ wie gemeldt/
nicht an allen orten Artzt zufinden. Als
ich nun solches verstanden vnd gleichwol
gemerckt / daß es schwer werdt sein / vor
ermeltem Herrn Doctorn solches in eyl
zu leisten / sonderlich weil er die nutzliche

A iij

History von dem heilsamen Wunder-
bad vnter handen hat/hab ich für nutzlich
vnnd jederman zu gut angesehen/ diß ge-
genwertig Tractätlin/ von jhm vor zeiten geschrieben/von der Pestilentz / so ich
in meinem Chartis gefunden in Teusch
zu bringen/ das zu publicirn/ vnnd jeder-
meniglich zu gut mitzutheilen. Darzu
dann mich vber das vorigen/ zwo starcke
vrsachen bewegt : Die erst/daß ich weiß/
vnnd selbs augenscheinlich gesehen vnd
erfahren/ daß obgemeldter H. D. Bauhinus in der Cur der Pestilentz ein tref-
fenlicher vnnd sehr geübter Artifex ist/
wie ers dann vor der zeit inn obmeldten
Stetten vñ örtern/mit meniglichem ver-
wunderen genugsam erwiesen / wie auß
diesem schreiben genugsam abzunemmen
ist. Die andere ist / so ich gesehen / daß
schon vor langer zeit der weitberübt vnd
hoch erfahren Herr Conradus Gesne-
rus viel von diesem Tractätlein gehalten / also daß ers auch schon dazumal in
Truck hat wöllen verfertigen / wie er
selbs bekent in seinen epistolis, vnd sonder

derlich in einer ad Adolphum Occoné
inclytæ Reip. Auguſtanæ Medicum,
da er vnter andern alſo ſchreibt: Ich hab
von Leon von Hertzen Ioh. Bauhino der
Artzney Doctore, vnd der durch die gan=
tze zeit der Peſtilentz daſelbſt Medicus ge=
weſen/ein ſehr nutzlichs Büchlin empfan
gē de remedijs & obſeruationibus ſuis
Item inn einer andern eben an dieſen
ſchreibt er alſo: Ich wil vielleicht zu an=
dern meinen Büchern thun Hertzen D.
Bauh. epiſt. ad D. Ioh. Funccium von
der Weiß vnd Art/ ſo er zu Leon gehalten
in heilung der Peſtilentz. Weil nun dem
alſo / acht ich es werde diß mein vorha=
ben nicht allein für gut vnnd nutzlich/
ſonder auch vielem ſehr nohtwendig zu
ſein meniglich erkennen. Vnd dieweil
E.F.G. ſo Vätterlich vnnd genddiglich
ſeinen Vnterthanen vnnd meniglich zu
gutem wünſcht vnnd begert in dieſem be=
holffen zuſein / acht ich gentzlich es werde
ihr F. G. diſe meine ringfügige transla=
tion für gut auffnemmen vnd erkennen/
vnd mich vnd meine vnterthänige dienſt/

A iiij

wie bißher / mit gnaden auff vnnd an-
nemmen. Thu hiemit jhr F. G. vnsere
gnedige Herkogin jhr vielgeliebte Ge-
mahl / sampt den Hochgebornen junger
Herrschafft / junger Herkogen mit lang-
wiriger regierung / inn den schuß vnnd
schirm Gottes des Allmechtigen befehlē.
Geben Mümpelgart den 12. Febr. Anno. 1597.

E. F. G. Vnterthänigster vnd
gehorsamer Diener vnd
Apotecker.

Theobaldus
Noblot.

Der Brieff des Hochge-
lerten H. Ioh. Bauhini D. M. an
den Weitberümbten Herren D.
Thomam Eraſtum.

Eitberümbter Herr D. ewer ſchreiben / ſo geben den 6. Octob.iſt mir ſehr angenem geweſen. Mich wundert das der Ehrliche junge Mann/ welches jhr meldung thund / ſo ſorgfeltig des Paracelci Lehr noch ſtrebt: welches ich doch zwar ſelbß zu Baſel geſpürt. Alſo pflegts zu geſchehen / daß wir newer dingen allezeit begirig/ das gwiß verlaſſen / dem vngewiſſen nachſetzen vnd anhangen / auch mit groſſer gefahr der Krancken. Mir zwar hat allzeit deß Galeni rahtſchlag gefallen/in dem er wil/dz vnſerer vernunfft vrtheil frey ſein ſolle / keiner meinung zu faſt anhengig : Nicht deſto weniger kan

A v

ich keinerley weiß deren leichtfertigkeit lo
ben / die Gottloser Menschen/ ja auch
Schwartzkünstlern rede mehr/ als zuvil/
glauben geben vnd folgen. Mit was groß
sen schaden hat man (leider) des schädli
chen vnnd verfelschten antimonij wür
ckung erfahren? Dieser ist von vns zu
Genff/mit rhat viel berümbter Medico-
rum, als ein Gifft verworffen/vnd das er
innerhalb soll eingenoñen werden / gantz
vnd gar schädlich geachtet werden. So
haben wir auch in ausserlicher applica-
tion noch vor wenig tagen ein brennend/
seurende vnnd durchfressende krafft genugsam erfahren. Hugo Bauhinus mein
Vetter / ein erfahrner Wundartzt / hat
dessen gebraucht zu abätzung des fleischs/
nicht anderst als wie des Mercurij præ-
cipitati. Was schwere zufäll hat er ge-
bracht / denen die jhn eingenommen haben? vnd so derer keiner folgt oder einfalt/
geschicht vmb keiner andern vrsache wil-
len / dann daß er eintweder durch das erbrechen auß geworffen wirdt / wie es dañ
gemeiniglich geschicht/oder aber das sein
gewalt

gewalt von der viele böser feuchtigkeiten/
so im Leyb seind / geschwecht wirdt. Jch
verwundere mich viel/ daß der Woler=
fahre Medicus Andernacus dessen Ge=
brauch gelobt hab/ zu der Pestilentz/ dañ
ich/ als zu Leon dise Sucht regieret/selbs
erfahren/ daß jhr sehr viel mit vnglückse=
ligen außgang gebraucht haben/dañ kein
wichtige vrsach vns bewegt / daß ein
starck purgatiff in der Pestilentz dienst=
lich sey / wie ichs dann zu Basel in einer
offentlichen disputation erwiesen hab/
vñ dessen Gebrauch verworffen.Dieweil
jhr aber der Pestilentz meldung thut/vnd
jhr von mir begeret zu wissen / wasserley
artzneyen ich gebraucht/ so wil ich euch
dieselbigen mit auffrichtigen gemüht
mittheilen / wie ich dann auch anderen
gethan : will doch zuvor melden was
vom Stapedio zuhalten. Vnnd were
Jch fürwahr eines vndanckbaren ge=
müts / wann ich nicht seiner in allem be=
sten gedächte/ der mir so trewlich hilff ge=
leistet /.da ich zu Leon an der Pestilentz
lag. Dann dessen wahren wir vberein
kommen/

kommen / hat er trewlich an der that selbs
erwiesen/ nemblich daß / welcher mit ge=
melter Sucht solt ergriffen werdē / solle d'
ander/so gesandt/ dem francken beystand
thun biß ans end. So hat er auch nicht
schlechte hülff erzeig / in dem er vielē Leo=
nern glücklich geholffen. Aber doch lag
jm nit ein solcher Last auff dem halß wie
mir/als der nur visitiert/die er wolte. Ich
aber der gantzen Statt vorgesetzt war/al=
so daß ich auch in einem tag mehren gera=
ten/weder er in etlichen wochen. Ich acht
Ioubertus werde nit gewüst haben / daß
zwen Teutsche Medici seyen zu Leon ge=
wesen: Weil jhm aber vieleicht durch das
gemein Geschrey bewust/ daß D. Stape=
dius daselbst war / vñ in der Cur der Pe=
stilentz arbeitet/ hat ers jm alles zu geschri
ben. Diß aber meld ich nicht darumb/daß
ich etwas seinem/ als eines fleissigen me=
dicinæ Doctoris meines Mithelffers/gu
ten namen zu entziehen begere. Nein in
keinen weg: Sonder daß ich auff ewer be=
geren antworte / vnd erwise / daß jhm nit
fürnemblich vnnd allein des gemeinen
Volcks/

Volcks geschrey sey zu zumessen. Ich will aber solches fahren lassen/ vnd zum handel schreiten / vnd die mittel vnd artz=neyen/ derē ich gantz glücklich gebraucht/ schreiben vnnd mittheilen / welches desto kömlicher geschehen wird / wañ ich Euch ein abschrifft des schreibens vberschicke/ so ich an H. Funccium Statt Medicum zu Meiñingen gethan/welche O. Gesner seliger gedechtnuß hatt wölten lassen in truck außgehen/ wañ ichs hette geschehen lassen: das ich doch nicht gewolt/betrach=tend/ daß sie in eyl/vnbedächtlich/vnd da ich anfieng gesund zu werden / war von mir geschriebē worden. Den vierdten tag meiner kranckheit ist die Crisis gewesen: Den siebenden bifand ich mich garwol/ hielt mich doch daheim / förchtend ich möcht den vierzehenden tag wider vmb=schlahen : Ich acht aber ich sey mit der hülff Gottes desto leichter zur gesundh..t kommen / dieweil ich innerlich reiner als andere / als der ich zuvor offt vñ viel mit=te artzneyen eingenommen / vnnd auch gleich anfangs der kranckheit mittel ge=

brauchtt/

braucht von mir vnnd H. Stapedio geordnet. Es were gewiß ein wunder gewesen / wañ ich frey vnd ledig were außgan-
gen/vnd dauon kommen/ in so viel arbeit
vnd mühe/ da ich kaum Leut oder Diener
habe können bekommen/die mein Hauß-
haltung versehen/ vñ nottürfftige Speiß
bereitteten: daũ schier jederman mein ge-
selschafft geflohen / Hiezwischen gienge
ich ein mahl auß/ so könte ich gar schwer-
lich widerumb zu Hauß kommen/in dem
ich kaum den allergeringsten theil der
Krancken besuchen möchte. Kam ich in
ein orth der Statt / so wich ich nicht auß
dem selben/ ich hette jhnen dann allen/ so
hilff begerten / sie weren reich oder arm/
ordenlich nach einandern hilff vnd rhat
mitgetheilet / vnnd war hiemit auch gezwungen diese ordnung zubehalten / dieweil die Statt in viel quartier getheilet
ware / vnnd jhnen etliche vorgesetzt wahren / die ich vnnd die Wundärtzt be-
rüffen solten / welcher der erst kam am
morgen / der fürte mich in sein quartier/
von dannen die anderen die mich antraf-
fen/

fen/oder meiner warnamen in jhre/vnnd
das trieb ich ſo lang Leybs ſtercke / vnnd
der tag zulieſʒ/ vnnd wann ich zehen Leyb
gehabt/ het ich doch der erforderten arbeit
nicht können genug ſein vnd thun. Zum
beſchluſʒ / bekönne ich / daſʒ ich groſſe vr-
ſach hab / Gott dem Allmechtigen danck
zu ſagen / der mich ſo genädiglich erhal-
ten/ der ich ſonſten einer feuchten vñ weichen natur bin. Jetʒ kom ich auff das
ſchreiben/ ſo vorgemelt.

Schreiben an den Hochgelehrten
vnd ſehr geliebten Herrn Io. Func-
cium/ Der artʒney Doctorn zu
Memmingen.

S. P. vil geliebter Funck / ich hab den
erſten Octobris euwere Brieffe empfan-
gen / weil ich die Peſtilentʒ gehabt / jetʒ
gib ich antwort / in dem ich wider anfang gſund zu werden. Die Peſtilentʒ
hat hefftig gewühtet/wie jr auch verſtan-
den habt: nichts deſto weniger bin ich hie
blyben. Die Oberkeit vnterhalt mich
mit einer beſoldung / vnd bin der gantʒen
Statt

Statt furgeseßt / vñ hab befelch vber vier
Chirurgos, die auch von der Statt be=
soldung haben/wo ich sie hin schicke. Jch
muß erkundigen/welche an der Pestilentz
franck sind / dann die etwas vermögen/
vnd von der Pestilentz angriffen werden/
müssen in jren Häusern verschlossen blei=
ben. Die gar armen muß ich in Spittal
ausserthalb der Statt schicken / da dann
noch andere Wundärtzt. Es seind inner=
thalb dreyer Monaten deren/ die meines
raths haben gepflegt / auff die vierhun=
dert wider gesund worden / wie ich auff=
gezeichnet hab/ auß befelch der Oberkeit/
es ist mir aber nicht möglich gewest / alle
auff zu schreiben: dann den gantzen tag
bin ich geritten vnnd zu Pferd den kran=
cken für zu schreiben gezwungen worden/
hab nicht weil gehabt zu essen. Nun wil
ich euch nicht lenger auffhalten mit sol=
chen geringen sachen/wil auffs aller kür=
tzest als mir möglich ist / auffschreiben/
was ich für artzney bißher gebraucht hab.
Der Gnedig vñ Allmechtig Gott/ wölle
Euch gnädiglich verhüten/daß jr nicht so
streng

streng gestraffet werden/wie wir gestrafft
worden: Dann auffs aller wenigst ist der
halb theil d' Einwohnern zu Leon gestor=
ben/wo nicht der zwen drit theil.Gott sey
lob vnnd danck gesagt / das die Pestilentz
anfacht sich etwas linderer zu erzeigen.
Was aber die Artzneyen belangt/deren
ich glücklich gebraucht/wil ich sie
hieher setzen/vnd an den Lat=
wergen anfahen.

B

Die erste Krafft vnd präseruatiff Latwerg.

R. Conf. Rosarum. ⎤
                 ⎬ana. ℥ j.
   Acetosæ ⎦
   fl. Borraginis ⎤
     Buglossi |
     Cichor. ⎬ana. ℥ ß.
  Rob de ribes |
    Berberis ⎦
Cortic. Citri conditi Sacch. ℥ ij.
   Rasuræ Eboris ⎤
              ⎬ana. ℈ iij.
   Cornu cerui ⎦
Corallar. Rubr. ℈ ij.
S. Citri ℈ j.
   Portulacæ ⎤
Fol. Dictáni ueri |
Cinamomj.   ⎬ana. ℈ ß.
Zedoariæ |
Angelicæ |
Sandali Rubri ⎦
Rad. Tormentil. ℈ iij.
Sacchari rosati tabulati ℥ viij.
  Syrup. de Limonib. ⎤ana. q. s.
      de acetositate citri ⎦
Misce. fiat Electuar. secundum artem.

Für

Für die armen Krafft vnd preſeruatiff
latwerg/vnd Täffelin.

R. Rad. Pentaphylli
Tormentillæ
Angelic.vel Carlinæ } ana.ʒ iiij.
Gentianæ
Zedoariæ ʒij.
Iridis ʒ ß.
Cortic. citri
arantiorum } ana. ʒj.
Baccar.iunip. ʒ iij.
Conſ. roſar.
Flor. buglos. } ana. ʒij.
Herbarũ Rutæ
cardui benedicti
Poteerunt emic- Acetoſæ } ana. M. iij.
ti hyeme Portulacæ
Boli abluti aqua roſ. ʒij.
Cum ſucco acetoſæ & ſacch. fiat elect.ſ.a.
Ex prædictis ſpeciebus parentur Tabulæ
cum ſaccharo & aqua roſ.

Meine andere Täfelin.

R. Pulu:roſ.rubr.ʒj
Corall.rubr.
Margarit.
Cornu cerui } ana.Ə ij.
Spodij

B ij

Cort. citri ficci ⎫
Rad. angelic. ⎬ana. Ә ß.
Macis ⎭

Sacchari foluti in aqua ros.q.5.fiant Tabulæ.

Täfelin des Hochgelehrten Medicinæ
Doctoris H. Dalechampij zu Leon/
deren ich auch felber gebrauch/
vnd andern fürschreib.

R. Fragment. ⎫
Sapphiri ⎫ │
Hiacynthi │ │
Smaragdi ⎬uel unionū │
Rubini │ tantundé. │
Granati ⎭ │
Rad. Bictortæ ⎬ana.ʒ j.
Tormentil. │
Angelic. │
Cartriæ │
Fol. Cardui benedicti ⎭

Rafur. Eboris ⎫
Cornu cerui ⎬
Corall. rub. ⎬ana. Ә iiij
Carabæ ⎭

Boli arm. ʒ ij.

Doronici

Doronici
Zedoar.
Caryophyll.
Rad. cyperi   }ana. ʒ ß.
Schænanthi
Bos. rubr.

Fol. Meliſs.
   Ocymi   }ana q̃. xv.
   Croci

Sacch. Soluti in aqua roſ. q. 5. fiat Ele-
ctuarium tabulatum.

Ein Waſſer für die Peſtilentz/das da ſchwitzen macht.

R. Ligni quaiaci ℔. ß.
Rad.   Angelicæ.
   Imperat.
   Zedoac   }ana. ʒ ß.
   Iridis
   Gentianæ
   Cinamomi ʒ j.
   Baccar. iuniperi ʒ ij.
   Fol. dictamni veri ʒ j.
Omnia minutim inciſa macerentur in ſ.q.
vini albi.
   Rad. Caryophyllatæ viridium
      Helemi   }ana. ʒ j.
      Valerianæ
      Petaſit. ʒ vj.

Herbar. viridiũ Scordij ⎤
Rutæ. |
Pulegij |ana. M. j.
Melissæ |
Ocymi ⎦

Cardui bened. ⎤
Borrag. |
Scabios. |an. M. iiij.
Acetosæ ⎦

Limonum ⎤ana. P. iij.
Malorum citri ⎦

Omnia minutim incisa misceantur, & destil-
lentur in Balneo mariæ.

Ein purgierender Syrup.

R. Borrag. ⎤
Acetosæ |ana. M. ij.
Portulac. ⎦

Meliss. ⎤
Scabios. |ana. M. j.
Cichor. ⎦
Cardui bened. M. ß.

Rad. Carlinæ ⎤ana. ʒ j.
Helenij ⎦

Prunorum pa. vj.
Liquiritiæ rasæ ʒ vj.
Polypod. ℔ j.

Sem.

Sem. Citri
    Fœniculi ⎫ana. ʒ iij.

Trium florum cordial. ana. P. ij.

Omnium fiat decoct. in ℔ xvj. aquæ. Cole‑
tur & cum ſaccharo fiat Syrupus, pro u‑
naquaque lib. Syrupi addantur ſenæ in‑
fuſæ ʒ iiij.

Pilulen zur verhütung der Peſt.

R. Pilul. commun. Siue Rufi ⎫ana. ʒ ß.
    alephang. ⎭

Rhab. elect. ʒ ß.

Agar. troch. ⎫ana. Ə j.
Angelicæ ⎭

Cum Syrupo de Limonibus & Roſ. ſoluti‑
uo cum rhab. fiat maſſa.

Wolriechende Kügelin wider die Peſt.

R. Ladani ʒ iij.

Pulu. roſar.
Calami arom.
Iridis.
Dictamni veri ⎫ana. Ə ij.
Angel.
Cinamomi
Santali moſchatell.
Nucis moſch.

B   iiij

Beniomi ʒ ij. ß.
Ambræ Э j.
Mofchi q̃. xx.
Styrac. calamitæ ʒ. ß.
Cum gummi Arabici vel Tragac. ʒ vj, infufi
in ʒ j. aq. rof. fiant globuli f. a. & inungantur
oleo de benionio.

Ein gemeine Decoction für die Armen.

R. rad. tormentil.
        } ana. ʒ vj.
  carlinæ

Cort. limonum
        } ana. ʒ ij.
  arantior.

Hub. borrag.
  melios.
  fcabios.   } ana. M. vi.
  portulac.
  acetofæ

Sem. citri ʒ i.
Prunorum ℔ ß.
Glycirulæ ʒ iiij.
Omnium fiat decoct. ad ℔ 16. referuetur.

Ein Laratiff für die Armen.

R. Supradictæ decoctionis ʒ vj. in quib. adde
polypod. ʒ ß. fol. fenæ ʒ iij. anifi ʒ i. fl. ebullitio:

litio : infundantur & exprimantur, colentur.
Habeant Pharmacophi quantitatem paratá.

Cataplaſma oder Pflaſter.

R. Maluarum, violariæ ana. M. iiij.
Rad. Liliorum alb.⎤
Althiæ   ⎬ana. ʒ vj.
Ceparum   ⎦
Sem. Lini ʒ v.
Fenogr. ʒ iij.
Flor. Chamom.⎤
            ⎬ana. M. ij.
Meliloti   ⎦
Omnium fiat decoctio, & reſidentia expreſſa
piſtetur, & per cribrum cernatur, deinde ad-
datur farinæ lini & tritici ana. ℔ j. fermenti
℔ ſſ. cantharidum ʒ ſſ. axung. porci ℔ j. Olei
Liliorum ʒ iij. Miſce. fl. Cataplaſma.

Für die Armen.

R. Fermétum, cepas, & axungiam veterem.
R. Cepas coctas, quæ ſæpius calide appli-
centur.

Das ſeind fürnemlich die compoſitiones, ſo
ich zu Peſt zeiten fürgeſchriben vnnd glücklich
gebraucht hab.

Ich hab ſelten ein Ader laſſen ſchlagen / dieweil ich den vnglücklichen außgang offt erfah-

ren in anderen/so der Aderlaß gebrauchen: Wie
ich auch auß des Hochgelehrten vnnd meines
Hochehrenden Herrn præceptorn Leonhardi
Fuchsij Thesibus erlehrnet hab: aber doch mag
man zu Ader lassen/wann viel Gebluts vorhan-
den/vnd des Leibs stercke/vnd das blüend Alter/
so ferr auch kein vnwillen/erbrechen oder bauchfluß verhanden. Ich hab auch offt gemerckt daß
wann man schon nur vier Vntzen Bluts außge-
lassen/doch die Person gantz schwach vnd matt
ist worden/ ohn zweifel weil das gut Blut mit
dem Bösen außfleußt / da doch die Kranckheit
der Leibs stercke nur zu viel zusetzt/zu dem verhin-
dert die Aderlassung die Purgation / die doch
anfangs dieser Kranckheit hoch vonnöten / vnd
wo die nicht geschicht/so erfolgen grosse Vnwil-
len vnd Erbrechen / Bauchfluß / oder alles zu
gleich mit einander. Welche zufäll dem Menschen die krafft gar benemmen : Hie vast alle
erbrechen sich/vnd werffen auß ein biliosische vñ
gäle Matery/gleich anfangs oder bald hernach/
wann man sie nicht purgiert. Doch wolt ich vn-
seren Teutschen das Aderlassen leichtlicher er-
lauben / dann den Frantzosen / dieweil sie deren
besser gewohnt: aber es ist auch zubedencken daß
sie gemeinlich den Magen vñ Läber voller wusts
haben. Damit ichs aber kurtz beschließ/ich ver-
wirff nicht gar das Aderlassen/doch so ferr man

vor

vorgedachter condition wargenome/vn̄ zu dem/
der zeit des jars : dann zu Frülings vnnd Herbst
zeiten / als die etwas küler seind / ist die Aderlaſ-
sung mehr zuloben / dann in Sommers zeiten/
in welchen die natur vnnd der Menschen stercke
ohn das zerschlagen vnd matt ist. Fürwahr es
werden wenig von dieser Kranckheit ergriffen/
deren Leib nicht mit viel vberflüſſigen wuſt behafft: Darumb ich auch billich achte/das weni-
gen das Aderlaſſen nutzlich seye.Vor dem ich der
Statt vorgesetzt war / hat man allen zu Adergc-
laſſen/ aber mit was nutz vnd fortgang weiſt jederman wol : Nach dem ich aber zum beſtelten
Medico erwehlt bin worden/ haben faſt alle die
Aderlaſſung geschühen/ auch dermaſſen/daß ob
ich die etwan gerathen/ sie sich doch gewidert o-
der gar abschlagen.Vnd so viel sey von der Aderlaſſung geredt.

In dieser Sucht halt ich viel von der Pur-
gation/dann ich deren gleich im anfang der
Kranckheit sehr glückselig gebraucht. Sie iſt
aber sanfft vnd milt adminiſtrirt worden/vnnd
anfangs der Kranckheit/da die stercke noch vol-
kommen.Ich bin der meinung/ daß viel tauſent
von starckem purgieren geſtorben seind / nit daß
ichs selber geben habe/ es haben aber vnzalbare
geitzige Empirici vnd Landstreicher sich eynge-
trungen/ die zuviel geben haben / Tabularum
diacar-

diacarthamij, oder de succo rof. oder Quitten
Latwerge mit dem Scammonio, Waſſer zuer-
brechen/vnd fürnemlich) Antimonium præpa-
ratum, weil durch ſolche ſtarcke purgierende
Arzneyen Bauchlauff vnd groß Erbrechen erweckt worden/vnd die Kräfft erſchlagen/ vñ das
Gifft zu innern Glidern vnd Hertz zuruck gezo-
gen. Dann es ſtarben fürnemblich die / denen
Bauchlauff Sucht kam. Jch hab auch geſehen
die da eingenommen die Tabulas antimonij,
den Blutfluß vnden vnnd oben / auch durch die
Naſen vnd Blaſen vberkommen. Nun wil ich
die Purgationes deren ich gebrauch hin zu-
ſchreiben / welches ich zwar fürſchreiben muß
nach der gelegenheit: dann die Apotecker nicht
allzeit ſonderlich decoctiones können machen/
dieweil die Kranckheit nicht vil zeit laßt. Sonſt
brauch ich ſie gern. Jch wechßle auch die Purgationes ab mit betrachtung des / ſo in denſelbi-
gen zubetrachten iſt: welche ich nun nicht weit-
leiffig auff dißmal beſchreiben wil.

Ein Purgation.

R. Syr.roſ.lax.cum rhabarb.& agar. ana. ℥ j.
  Diaphænici ʒ. ı.
    Elect.de ſucco roſar. ʒ. ß. vel elect.roſati
    Meſuæ.
  Diamargar.frigidi ʒ.ß.vel aromatici roſati
                    Aquæ

Aquæ acetoſæ,portulacæ ana. ʒ ı. ß.Vel
Ptiſanæ,vel aquæ Meliſſæ, aut Scabio-
ſæ,aut Chamædryos aut Saluiæ,&c.

Dieſes alles kan nicht in ſonderheit geſchrie-
ben werden / weil man die Artzney ändern ſoll
nach dem der Menſche die Kranckheit der zu
fäll/Complexion / vnd jarzeit: dann in betrachtung dieſes alles muß man wenig oder viel geben. Ich hab auch zu zeiten ein Latwerge Ha-
mech genant/fürgeſchreiben. Wann die Apotecker ſo viel weil haben gehabt / hab ich gern die
nachfolgende Artzney geordnet.

Ein purgierende Decoction.

R. Senæ ʒ. ij. vel ʒ.iij.
Sem.aniſi vel fœnic. ʒ. ß.
Agar.vel rhabarb.ʒ.ß.
Syr. roſ. lax. cum agar. vel rhabarb. vel
vtroque ʒ.ı. vel.ij.addédo aquas ſupradicta,
in quibus fiebat ebullitio ſupradictorum,
deinde colabantur & addebantur ſupradi-
cti Syrupi.

Bnterweilen laß ich weichen in der Decoction ʒ ı.rhabarb.oder agarici.ʒ. ß. &c.Etwan
brauch ich der purgierenden decoction zuvor
fürgeſchrieben vnd laß darundern etliche Syrup
vermiſché oder etwas des diaphenici od dergle-
chen Electuarij. Ich brauchte gern meines pur-
gieren-

gieren Syrups: aber die Apotecker haben nicht
so viel zeits den zu præparieren vor der menge
der Krancken / wo es aber sach were / das die
Krancken schwach vnd krafftloß weren / vnnd
deshalben dem purgieren kein platz / brauch ich
diese Clistier / so leicht zu bereiten ist.

R. Ptisanæ ℔ i. ß.

Diaphænici. ʒ.i. vel. ij. vel Elect. de Succo
rof. vel vtriufq; ana. ß. vel ʒ.i.

Mellis mercurialis ʒ. iiij.

Butyri recent. vel olei communis aut
liliorum ʒ. ii. vel vtriufque. ana. ʒ.i.

Bißweilen thar ich darzu das Catholicon.
Etwan thar ich die purgierenden nicht darzu.
Das sey genug von den purgierenden Artzneyen. Wir wöllen vorhin von den Köpfflen/
Pflaster vñ andere eufserlichen mittelen hand-
len. Jch laß gemeiniglich am selbigen tag Köpffelin fürnemlich ansetzen / etwan ohne schräpffen / etwan laß ich auch schräpffen / das Gifft
herauß zu ziehen (nach der Aderläße vnnd nach
der Purgation) damit es nicht zu den jnnern
Glieder tringe: die Schrepffhörnlin aber laß ich
an Schenckeln neben den Beulen vnnd offter-
mal vnter den Armen ansetzen / wann die Beulen am Halß oder neben den Ohren sich erzeigt/
so laß ich die Köpffelin auff den Schultern ansetzen. Mann soll aber acht haben daß man die
                                        Köpffelin

Köpffelin nicht aufflege auff die Beulen der
zartē vnd ſchwachē/ vnd deren die groſſe ſchmer
tzen daran haben/ vnnd wo die Geſchwulſt groß
gnung iſt/ vnd wo man hofft daß es bald eytern
werdt. Vielen iſt mit anſetzung der Köpffelin
geſchräpffet werden/ vnd doch kein ſuppuration
erfolget. Vnd wo ich merck daß kaum ein ſuppuration erfolgen werdt/ laß ichs doch anſetzen:
damit ſie nicht wider vmbſchlahen. Vnnd ob
gleich Köpffelin angeſetzt werden oder nicht/
vnd ich ſchräpffen laß oder nicht/ ſo laß ich doch
ſtäts die vorgeſchribene Cataplaſmata oder ge-
kochten Zwibeln appliciren/ vnd offt wider erne-
wern: Oder brauch das diachilō magnum mit
ein quintlin galbani zu einer jeden Vntz dia-
chyli,oder appliciers auch ohne galbano. Ich
brauch nicht gern ſtarcke ziehenden Pflaſter am
Halß. Wa der ſchmertzen zunimbt/endere ich
die Cataplaſmata, laß die ſtarck ziehenden Artz-
neyen/ vnd brauch darfür Artzneyen die zerthei-
len oder erweichen oder zu Eyter bringen. Die
fotus mit chamæmelo, meliloto, vnd warmen Kreittern im weiſſen Wein gekocht/ ſeind
ſehr nutz vnnd gut. Die Salbungen ſchreib ich
auch für von Oelen wider den ſchmertzen dienſt-
lich. Den Weibern die Schmertzen an jhren
heimlichen örtern gehabt haben/ vnd da jr mo-
natliche zeit hat ſollen kommen / hab ich mehr
mit

mit grossem nutz lassen volgende beyung zurichten.

R. Origani, Calamenthi, Melissæ, Artemis. Rorismarini, Maioranæ ana. M. ij. Sabinæ M. j.

Omnium fiat decoct. in vino albo & sæpius fomentetur eadem die vteri regio & inguen.

Ich halt sonderlich viel für andern von den Artzneyen / die da schwitzen machen / sonderlich wann der Leyb erstlich ein wenig purgiert ist/ oder ein Ader gelassen/ ich gib sie zwölff Stunde hernach.

Diß sind die Schwitztranck.

R. Syr.limon.& de agresta,ana. ℥ j.vel. ℥ ß. vel de acetositate citri, vel de succo acetosæ.

Theriacæ & Mitridatij , ana. ʒ ß. vel vnius ʒ j.

Aromatici ros. ʒ ß. vel diamarg. frigidi, interdum Electuarij nostri ʒ j vel ij.

Aquæ nostræ. ℥ j. vel ℥ ß.vel ʒ ij. Interdum sine ea, aliquando addebam aquæ vitæ ʒ j. vel alteram.

Aquæ Chamædr. vel melissæ, vel scabiosæ, vel borrag. vel buglossi, vel Cichorij, vel Salinæ, vel acetosæ, vel portulatæ. ℥ iij. vel iiij. harum duas simul.

Etwann

Etwann thu ich hinzu præparirten boli ʒ ß.
vel ʒ j, ſonderlich wann ich den Bauchfluß
förchte / oder das Erbrechen / da ich dann auch
darzu thun Granat Syrup, oder Syrupum de
abſinth. vel cotoneorum, vel de roſis ſiccis,
de myrtillis. oder dergleichen. Etwann brauch
ich die Confection Alkermes, von deren ich vil
halt / oder an ſein ſtatt diarrhodo abbatis. Diſe
gib ich warm ein / vnnd laß ſie fleiſſig zu decken /
daß ſie etwañ ein halbe Stund / oder ein Stund
oder zwo ſchwitzen / oder mehr / nach dem jr ſtercke zu laſt: wo aber die ſtercke nicht da were / vnd
es die Natur nicht erleiden mag / gib ich kein
Schwitztranck / zur zeit hab ich der Natur geholffen mit warmen Tüchern / warmen Stei-
nen zu den Füſſen / in die Seiten vnd vnter die
Achſeln gethan. Den Armen gib ich mehrer-
theils / allein Gerſtenwaſſer / mit dem ſyrupo
acetoſo, oder aber mit Eſſig: oder vnſerer decoction, ſo hieuor beſchreiben / ʒ iiij. etwañ mit
einem Syrup. Hiezwiſchen dieweil ſie ſolcher
Artzney gebrauchen / oder auch nach dem ſie es
gebraucht haben / nemen ſie offt die Täfelin / ſo
zuvor beſchreiben / oder ein Latwergen / alß Aro-
maticū roſatum vel diamargaritū. frig. Nach
geſtalt der zufällen / ſchreib ich für Epithemata
vnnd Frontalia: vnnd denen die blödes Hirns /
oder Taubſüchtig ſeindt / das vnguentum po-

C

puleon. Die Hertztränck gib ich etwann mehr
dann einmal/mit schwitzen/etwann ohne schwi=
tzen. Ich halt vil auff die Julepen auß fürge=
schreibendē Wassern vn̄ Syrupē/dē Schwan=
geren darff ich den Tyeriac/oder vnser Wasser
nicht geben. Doch an jhr statt gib ich offt vnser
Electuarium, vnnd das diamarg.frigid. Aber
denen/so doch nit Schwanger/jhnen aber jhr
monatlich zeit nahet/gib ich vnser Wasser mit
dem Syrup von Beyfuß/oder oximel Com=
pos. oder Syr. de radicibus, mit Beyfuß oder
Melissen wasser.

Wo die Beule gewachsen seind/vnd zu Ty=
tern gezogen/so hab ich Ehenstern lassen darüber
legen. Was die Pestilentzische Blatern belan=
get/nach jrer art verendere ich auch die Artzney/
doch laß ich allen schräpffen/etliche schwecher/
etliche tieffer vnd scherpffer: denn Blatern deß
Angesichts/der Brüst/vnd dergleichen/sonder=
lich auch deß Männlichen Glieds/darff ich sol=
che scharpffe ding nicht appliciern/scheuhend
den grossen schmertzen/wie ich dann fast erfah=
ren vnd gesehen/in allen denen/die da Carfun=
ckel gehabt in Gleychen/sonderlichen an der
Hand/nebē den Pulßadern vn̄ Kneyen/daß sie
gestorben. Also auch wenig deren/so sie vnter
der lincken Achßlen haben/kommen auff. Aber
damit ich wider zum fürnemen schreyte/kleinen
                              Blatern/

Blatern / vnd die an eim Fleischigen ort seind/
nach dem die Schrapffung geschehn/ laß ich vor=
geschribene Cataplasma appliciern/ od des Ba=
silici ℥ j. cum ℥ j. ægyptiaci. vñ laß oben drüber
schlahen das emplastrum diachyl. magnū. an=
dern laß ich auch allein dz Basilicū mit d diaith.
vberschlahen/od frische Butter/oder nachfolgent
Cataplasma. R Farinæ triticeæ ℥ iij. Micæ
panis ℥ iiij. cum lacte & butyro fiat Cataplas.

Ich war gezwunge solcher schlechten vñ ge=
meinen Artzneyen zugebrauche / wañ die Apote=
cker nit verhande od sonst nit zeit genug gehabt.
Dañ es seind schon vber die 20 gestorben. Wañ
das verbrent Fleisch der Blater weg felt / halt
ich viel auff das unguentū Apostolicon. Weil
wir auffs aller kürtzest/ auff diß mahl genug von
der Curation oder Heilung geschriben haben/
Wöllen wir fortzun / mit wenig worten anzei=
gen/ was wir jhnen für ein Speisordnung für=
geschribe haben / vñ was sie haben sollen brau=
chen zur verhütung. Ich schreib jnen für/ gute
Brülin von Hamelfleisch/von Kalbfleisch/von
Hünerfleisch wolgekocht/ vnnd laß darzu thun
Purtzlen / Saurampffer/ Borretsch/ vnzeitige
Trauben / Rosenessig vnd dergleichen. Dieses
laß ich offt auff ein tag geben / od er Zweschen/
oder Gersten in Essig gekocht. Etwann laß ich
jnen weiche Eyer gebe/ gekocht Bürc: bißweyle
etwas Fleisch/ wann sie lust haben/ so sehr sie es

befeuchtigen mit vnzeitigem Traubensafft / Limonensafft / Pommerantzen / Roseneffig / oder dergleichē. Zum Getranck schreib ich jnen Gerstenwasser für / das da præparirt sey von gescheleter Gersten vnd Zweschken / dann diß Tranck ist zur Nahrung dienstlich. Ich laß kein Süßholtz darein thun / seiner süsse halbē / doch an sein statt thu ich hinzu ein wenig Fenchel / od Aniß / oder Zimmet / Item ein wenig Grauat oder Limonen Syrup / oder Syr. de acetositate citri, de omphacio, de acetosa, aut acetosi, etc. Selten laß ich jhnen den Wein zu / doch wans Fieber nachlaßt / vnd der Leyb schwach / erlaub ich jhnen solchen mit Wasser vermischt. Zur verhütung verbeut ich jnen alle grosse bewegung / auch grosse hitz / zorn / traurigkeit / starcke purgationes / gemeinschafft der Weiber / vnd daß sie die inficirte / oder angesteckte Personen meiden sollen (dann vil hab ich gesehen / die von der Pestilentz angriffen werden / wañ deren eines vorgangen) sonderlich d zorn / starcke purgation vñ Venus. Fast alle die so zu disen zeyten Weiber genommen / deren doch nicht wenig waren / seind gestorben / vnd vil von jnen seind / entweder am ersten tag / öffter an der ersten nacht von der Pestilentz ergriffen worden. In der Speiß ordiniere ich jhnen / fürnemblich Speissen von kalter Natur vnnd saur. Täglich laß ich sie brauchen /

die

die fürgeſchreibene Latwerg etwann einer Haſelnuß groß: darnach etwann ein Täfelin morgens oder vor dem nachteſſen. Bißweilen purgier ich ſie mit ʒ j. oder ʒ ſ. pilul. Ruſi. oder vnſern vorgeſchreibene Pilulen, oder auch mit vorgeſchreibenen potionibus, wiewol ſelten. Alſo habt jr auff das aller kürtzeſt vnd trewlicheſt / die remedia, ſo jhr begeren/ deren ich mit ſonderlichen gnaden Gottes / mit ſehr glückſeligen fortgang gebraucht: Welche / wiewol ich ſie nit mit der ordnung vnd ʒierd/ wie ich ſolte beſchreiben/ werdt jr erachten/ daß ich in ſolchen geſchefften/ nicht allein kein weil / ſonder auch innerhalb dreyen Monaten/ kein Buch angeſehen / viel weniger Brieff geſchreiben hab: hab auch nicht viel ʒeit gehabt mich lang ʒubedencken. Der Herr Doctor Stapedius, der mir mit Gottes hülff glücklich beyſtand gethan hat/ laßt euch vil gutes wünſchen. Er braucht vnder andern Artzneyen ʒu ſchwitzen/ für ein präſeruatiff oder verhütung/ vñ für Hertzſterckung/ aquá vitæ cum Theriaca, Mithridatio, bolo, vnd aceto rutaceo: auff die Beulen thut er Tiriacks mit Zwibeln / beſtreicht auch cũ oleo hyperici & Scorpionum. Schreibt auch für/ andere Artzneyen/ die faſt den meinen gleich ſeind. Ich hab hie oben vergeſſen anʒuʒeigen/ daß viel / die für ſich ſebs geſund ſeind worden/ von der Peſtilentz/

oder dieweil sie mit der Peſtilenz behaſſt ſeind
geweſt / nicht wol gereiniget vnd purgiert ſeind
wordē/bekomen haben vielerley andere Kranckheiten: vnd fürnemblich tertianas continuas,
Bauchläuff.Nach dem jhr werden dieſe Brieffe geleſen haben/ ſchicket mir in wider/oder meinem Herrn Vatter / oder dem Herrn Geſnero,
oder laſſet es abſchreiben: dañ ich kein abſchrifft
davon hab / es wer mir leyd daß er ſolte verloren
werden.   Hiemit lieber Bruder / wünſch ich
euch in Chriſto vil glück. So jhr auch hierzwi-
ſchen etwas glücklichs erfahren vnnd gebrauchen / werden jhr mir ein groß gefallen thun / ſo
mir ſolches würde auch mitgetheilt werdē. Geſchreiben in eyl zu Leon den 9 Octobris 1569.

Euwer gut Freund

Ioh. Bauhin.

ANno 1568. im Hewmonat / als ich von
wegen Kriesleuffen in Franckreich / von
Leon außgezogen / vnnd wolt mit meinem
Hauſgeſind nach Baſel verreyſen / bin ich von
dem Genffiſchen Rhat erbetten worden / jhnen
hülff zu leiſten/ in der wütendē Peſtilenz/deß ich
mich hab laſſen bereden/vnd hab zwey Jar lang
mit der Sucht der Peſtilenz geſtrittē/ biß mich

das viertägig Fieber angeſtoſſen/ von wegen der
groſſen arbeit vñ mühſeligkeit. Darnach hab ich
nach erlangten ehrlichen teſtimonio vñ atte-
ſtation/ von Ehrſamen Rhat der Statt / vnnd
von den vbrigen Herrn Medicis mein Abſcheid
genommen/ vnd bin nach Baſel gezogen/ mich
da zuergetzen vñd der geſundheit zu pflegen: Da
ich dann von meinen Eltern vnd Freunden ge-
treiben vnd beredt / die profeſſion der Rhetoric/
ſo mir von der Hochlöblichen Vniuerſitet daſelbſt angetragen war/ angenommen. Dieweil
ich aber ſahe / daß ich von der Medicin, ſonderlich aber von der practic zuſehen abgezogen
wurde / hab ich ſchwerlich vrlaub erlangen mögen / damit ich meinem Gnädigen Fürſten vnd
Herrn Friderico Graffen zu Würtenberg vnd
Mümpelgart/ vnd ſeinen Rhäten dienen möchte / die mich mit offerirten vnnd geordneten ſti-
pendio berüfft. Da ich aber zu Genff zu Peſtilentz zeiten vorgeſtanden/ hab ich etliche andere Artzneyen (doch nach vorgeſchreibener art)
dieweil ich ſchon etliche in den Apotecken bereit
fand / nicht mit geringem fortgang gebraucht.
Ich hab alle Krancken / zu denen ich berüfft
war / auffgeſchrieben / nicht anderſt als wie der
Hippocrates ſeine Bücher / ſo er Epidemios
nennt. Der Catalogus begreifft auff die 2000
deren ſo mit allerley Kranckheiten behafftet wa-

C iiij

ren/ vnnd auff die 500 die von der Pestilentz er-
greiffen vnter meiner Cur seind genesen / vnd
wider auffkommen. Zu Genff ist mir leichter
gewesen/ die Krancken zu notirn vnnd verzeich-
nen / dañ jhren viel weniger waren als zu Leon/
da es warlich vnmüglich war. Dann man sagt
es seyen vber 50000 Menschen daselbst gestorben. Die zal deren/ so ich verzeichnet in dem vo-
rigen schreiben / die zu Leon sollen wider auffkommen sein / begreifft allein drey monat lang/
vnnd die fürnemblich / so hernach zu mir kom-
men/ vnd mir für die gutthaten gedanckt. Das
aber zu mercken ist/ ich hab fleissig wahrgenom-
men/daß nicht der halb theil deren gestorben ist/
die so bald sie von dieser Kranckheit seind ergriffen worden / es angezeiget vnd geoffenbaret/
(so sehr man auch jhnen gebürende hülff gethan) welches ich leichtlich mit meinem Cata-
logo, oder verzeichnuß erweisen kan. Aber diß
will ich jetzund lassen anstehen / vnd jetzund die
Artzneyen fürschreiben / die ich zum theil
schon bereit gefunden / zum theil
aber bereiten hab
lassen.

Opiata

Opiata & Tabulæ Geneuenſium.

R. Boli præpar. ʒ ſ.
Theriac. ⎫
⎬ ana. ʒ iij.
Mithrid. ⎭
Cornu cerui præp. ʒ ij.
Roſ. Eboris Ɔ ij.
Sem. Angelicę⎫
⎬ ana. Ɔ j.
Acetoſæ ⎭
Dictamni ⎫
Gran. Iunip. ⎪
Rad. Tormentil. ⎬ ana. ʒj.
Tunicis, ⎪
Gentian. ⎭
Fol. Scordij ʒ iij.
Rad. Carlinæ ʒ ſ.
Succorum Scabios. ⎫
Limonū ⎬ ana. q. ſ.
Acetoſæ ⎪
Aceti roſ. ⎭
Conſ. Rad. buglos. ⎫
⎬ ana. ʒ ij.
Flor. Borrag. ⎭

Cum Syr. de Succo citri aut Limonum fiat
opiata. Capiat ʒ ij. manè.
Eadem reducantur in Tabellas cum aq. roſ.
Scabios. & Sacch.

E ı

Ich hab auch mein Opiat, so ich beschreiben/
lassen bereiten.

Täfelin / so ich beschreiben zuverhü-
tung der Pestilentz/seind diese.

R.   Pulu.ros.rubr.ʒ ij.   Boli præpar.ʒ ij.
     Corall.rubr. Margar.Cornu cerui, Spo-
     dij ana. ʒ ß.
     Cort. citri sicci ⌐
     Rad. Angel.   ⎬ana.ʒ j.
           Carlinæ ⏐
           Macis   ⌐
     Croci Ə j.
     Fol. Meliss. ⌐
                    ⎬ana. Ə ß.
           Ocymi ⌐
     Sacchari in aq.ros. dissol.q.s. fiat Elect.
     tabulatum. Vel cum Tragac. addi-
     to pauco moscho,fiant Trochisci.

Unsere Pilulen zu verhütung.

R.   Aloes ʒ iiij.
     Myrrhæ ʒ ij.
     Croci ʒ ij.
     Rhabar. ⌐
              ⎬ana.ʒ iiij.
     Agarici ⌐
     Angelicæ ʒ j.
     Cum Syr.ros.sol.fiat massà pilul.

                                    Ein

Ein præſeruierender Sack oder Schilt auff das Hertz zu binden.

R. Cinamomi ʒ ij.
Dictamni veri ʒ j. ſ.
Angelicæ ⎱
Zedoar. ⎬ ana. ʒ ſ.
Caryoph. ⎰
Roſ. ʒ ſ.

Boli ⎱
Coralli rubri ⎬ ana. Ɔ j.
Spec. diamarg. frig. ⎰
Gran. tinctor. Ɔ ſ.
Scordij ʒ j. ſ.
Santali citr. ʒ j.
Miſce, fiat puluis tenuiſs. qui excipiatur ſerico rubro & bombace interpuncto, fiat Scutum.

Der Genffer Schwitzwaſſer.

R. Rad. Buglos. ⎱
Bardanæ │
Carlinæ ⎬ ana. ʒ ij.
Cyperi │
Angelicæ │
Gentianę ⎰
Sem. Cardui bened. ⎱
Oxalidis, ⎬ ana. ʒ ſ.
Citri │
Portulac. ⎰

Herb, Scabios.
    Pimpinel.
    Rofar.
    Oxalid.   }ana. M. ß,
    Scordij
Cort. medri fraxini
Morfus diaboli cum toto
Florum verbafci

Contundantur omnia, & macerentur in vino albo & aq.rof.per noctem,addendo,
    Coralli rub.
    Cornu cerui præp. }ana. ʒ ij.
    Rof. eboris ufti
    Adde tandem croci ʒ j.
    Santali citr. ʒ ß.
Deftillentur ut artis eft. deinde exponatur
aqua Soli per dies aliquot.

Ein Epithema deren von Genff auffs Hertz zu legen.

R. Aqu. Melifs.
    Buglof.
    Oxalid. }ana. ʒ iij.
    Rofar.
Pulu. Diamarg.frig.
    Triafant. }ana. ʒ j.
    Gran.tinct.
Croci Ə ß.
Aceti Rof. ʒ ij. Mifce, fi, Epithema.

Unfer

Vnſer Decoction darinn wir die Artzney zerlaſſen.

R.　Herb. meliſſ. Scordij ana. M. iij.
　　Cichor. oxalid. portul. ana. M. ij.
　　Sem. citri ℥ ij.
　　Angel. Carlinæ ana. ℥ j.
　　Trium flor. cordial. ana. M. ſ.
Omnium fiat decoctio ad ℔ iiij.

Vnſer Waſſer/ damit man zuverhü= tung der Peſt/ die Hånd weſchen ſoll.

R.　Rad. Angel. Zedoar. ana. ℥ j. ſ.
　　Caryophyl. ʒ ij.
　　Calami Aromatici vulg. ℥ ij.
Omnia macerentur in ℔ ſ. aceti roſar. opt.
poſt craſsiuſculè erunt contuſa.

Ein ſtarck Cataplaſma vnſerer deſcription.

R.　Cepas 4 coctas ſub cinerib.
　　Fermenti ℥ vj.
　　Axung. porcinæ ℥ ij.
　　Croci ʒ ſ.
　　Olei Scorpion. parum.
　　Cantharid. ℥ ij. Miſce. fiat catapl. quod
　　applicetur ut dicetur.

Vnſer

Vnſer ander Cataplaſma etwas
ſchwecher weder das ferdere.

R. Rad. Liliorum ⎫
　　　 Ceparum ⎬ ana. ℔ j.
　　　 Altheæ ⎭

Sem. Lini ⎫
　　　　　 ⎬ ana. ℥ iij.
　　 Fænogr. ⎭

Herb. Malu. ⎫
　　　　　　 ⎬ ana. M. ij.
　　 Violariæ ⎭

Omniũ fiat decoctio, deinde magma cõtun-
datur, & per cribrum exprimatur: cui adde far. Lini, fænogr. ana. ℔ ß. Axung. porci. ℔ j. mellis ℥ vj. Baſilici ℥ x. Miſce. fiat
Cataplaſ.

Vnſer Pflaſter.

R. Diachyl. magnum. Cui pro ℔ j, adde
ammoniaci, galbani, ſagapeni: ana. ℥ j.

Vnſer Salb für die ſchwartzen Eyſſen.

R. Aegiptiaci ℔ j. Sublimati ℥ ij.

Ich hab allzeit glücklich gebraucht die Ex-
ſtem / auff die Peſtilentziſche Beulen oder Ge-
ſchwär: aber man hüte ſich / daß man ſie nicht zu
groß

groß neme / vnd mans nicht auff die Blut oder
Pulſadern vnd Nerven ſetze.

Diß hab ich in eyl geſchreiben/vnd nicht faſt
verbedacht vnnd erwegen / weil der Bott eylet/
vnnd darzu mit geſchefften ſehr beladen. Hie in
der nähe hat es viel böſer Süchten / vnnd ſein
Fieber/ die von den zufellen der Peſtilenz/ nicht
viel vnderſcheids haben / ſeind doch etwas mil-
ter / vnnd erſcheint nichts auſſerhalb / aber ein
groß Hauptwehe iſt darbey.   Ich halt darfür
man ſolte ſie curirn wie die Peſtilenz / wann ſie
der hülff bey rechter zeyt begerten. Ich bitt euch
freundlich/wann jhr erfahren werdt/daß etwas
von dieſen böſen vnd vergifften Fieber newlich
geſchriben ſey/ wolt mir zu wiſſen thun. Vnnd
daß ich dieſem ſchreiben ein end mache / bitt ich
Gott den Allmechtigen/ er wölle Euch vn Vns
von der grewlichen Sucht der Peſtilenz / genädiglich behüten.   Geben zu Mümpelgart
den 18 Nouembris / Im 1573 jar.

E. E. Dienſtwilliger

Ioh. Bauhinus.

Ein

Ein kurtzer Bericht / wie

man sich halten sol zur zeit der Pestilentz / geordnet Anno 1575 für die Genädige vnnd Hochwürdige Fraw Scholastica
von Falckenstein / Ebtissin des Stiffts vnnd
Gottshauß Maßmünster / durch jr Gna-
den/ vnd des Stiffts Medicum,
den Hochgelehrten Ioh.
Bauhinum D.

GEnädige vnd Hochwürdige
Fraw / Nach dem die Würdige
Frawen / die alle zu Beffort jetz
seind / mich beschickt haben / vnnd
Ewer Gnaden begeren angezeigt/ hab ich in aller eyl/ vnd mit gebürendem fleiß/ in gemein/ vnd
ein jeglichern insonderheit fürgeschreiben / vnd
zurichten laffen/ allerhand Artzneyen vnd Prä-
seruatiffen / wider die Pestilentz: vnd darnebeu
diesen kurtzē Vnterricht/ in schrifft verfaßt/ ver-
hoff E. G. werde mein vnuerdroffen mühe vnd
arbeit gutwilliglich annemen.

Erstlich ist hoch von nöhten/ daß der Lufft
rein

rein vnnd ſauber gehalten werde / daß man die
Kammern vnnd Stuben / ja das gantze Hauß
alle tag auff das allerwenigſt dreymal / mor-
gens/mittags vnd abents außkehre/alle Fenſter
auffthun/ vñ darnach wol beräuche mit Wäch-
holderbeer / oder Roſmarin / Salbey / Spica-
nardt/Wolgemut/ Veronica, S.Johãskraut/
Poley/Saturey/ Maioran/ Wermuth/ Rau-
then/Lorbeer vñ Lorbeerbletter/Nägelin/Wey-
rauch / Maſtix / Agſtein / dünne Rinden oder
Schelffen von Apfeln vnd Quitten/ Myrrha/
Benedicktwurtz/Styrax/Berioni,Regelwurtz/
Alantwurtz / Calmuß / Roſen / Baldrian/
Muſcatblüſt vnnd Nüß / Coriander / Rauch-
kertzlin/Zelten vnd Pulfer. Doch ſol zu ſolchen
ſachen allein ſauber Kolen glut gebraucht werden / oder das noch beſſer iſt / ein klein heitter
Fewr ohne rauch / auß dürren Eſchenholtz/
Eychen / Büchen / Bircken / Tannen / Forlet
oder Küen / Wachholderreiß / oder Rebholtz.
Dann das Fewr vertificiert / vnd reiniget ſehr
den Lufft/ vnd iſt nichts nötlichers erdacht wor-
den/deßhalben die Kämyn wol dienen/beſonde-
re in den Gemachen / darein ein jeder im tag
ſein wohnung / vnd in der nacht ſein ruhe hatt/
vnd ſeind etwas geſärlicher die Stuben/ alß die
Gemach mit den Caminen. Mann könte die
Stuben beſſern/wañ ein Eyſenthürlein in dem

Kachelofen/ auff der rechten oder lincken seyten
gemacht würde/ das in der Stuben auff vnd zu
gienge/ wann man wolte/ oder ein Kachel oder
zwo außstosse. Mann soll aber das Fewr auff
der andern seyten des Ofens machen/vnnd von
dürrem Holtz. Man soll auch am aller weitesten
vom Ofen obē an Fenstern ein gut Dampffloch
machen/ ein oder zwo Scheibē im Fenster auß-
nemen / so treibt die wärme des Ofens / den
dampff alle in die höhe hinauß/ mann sol die
Stuben nicht zu heyß machen / ob es schon kalt
Wetter wäre/ wann man auß/vnter das Volck
in die Kirchen oder andere versamlungen gehen
wil/so sol man stehts im Mund tragen/Zitwen/
Angelica/ Meisterwurtz / Liebstöckelwurtz/ Lor-
beerbletter/ Citrinat oder Pomerantzēschelffen/
Galgant / Wachholderbeer/ Alantwurtz/ Ent-
zian. Wo einer die stück im Mund nicht halten
könte jhrer hitz halben/ so mag er sie vor in Essig
beytzen/oder darfür brauchen Zimmet vnd Fen-
chel/ Eniß/ vnd vnsere trochiscos oder Zeltlin
mit Moscho / die so verzeichnet seynd A oder
ohn Moscho B.Wann man nidergehet/so mag
man dieser stücke eins im Mund behalten zwi-
schen den Zänen vñ Lefftzen. In den henden soll
man tragen Rauchtzepfle/offt daran riechen/ od
Rautthen/ Maioran/Salbey/Lauendel/Men-
tha/Roßmarin/oder ein Schwemlin in Raut-
tenessig

teneſſig genetzt/ da ein wenig Tiriacks vermiſcht
od Roſenwaſſer mit Eſſig/ od Lauendel Wein/
od Angelica eſſig in gedreyte kugeln von Wech-
holder vder Eſchenholtz. Es ſoll ein jeder die
Naßlöcher vñ die Pulßoder mit Rautthē/ Roſen / Holdern od gemein Weineſſig/ darinn ein
wenig Tiriacks gemiſcht ſey/beſtreichē. Darne-
ben ſol man alle morgen nüchter für vnnd für/
wann man außgehen muß/vnd bevor wañ man
in die Kirchen gehn ſol / der volgendē ſtück eins
eſſen/ wie volgt. Wer aber etliche tag nicht auß
dem Kloſter kompt/darff als dann nichts einne-
men/hat mit dem beräuchen genug.Vnderweyl
wirt man nemen am morgē frü ein Zeltlin verzeichnet C vnd darauff zwo oder drey ſtund oder
mehr faſten / oder ein Löffel vol Cardobenedicktē
pulfer mit Eſſig oder Meliſſenwaſſer: den andern tag von der Latwerg D ein Muſcatnuß
groß / die ein hitzigen Magen vnd Leber haben/
mögens ohn ſorg brauchen: den dritten tag einer kleinen Haſelnuß groß/gut Tiriacks E oder
des geringſten Tiriacks F: den vierdtē ein Löffe-
lin von euwern Brantenwein / fürnemlich wār
ein kalten magen hat:oder ein Löffel von vnſerm
Peſtilentzwaſſer G: den fünfften/ein eingemach
te Baumnuß/ oder von der Citrinatrindē/ oder
ein wenig Roſenzucker/ Veyolzucker: den ſech-
ſten etwan ein wenig von den ſtücken die vor an-

D ij

gezeigt / die man im Mund halten soll: den siebenden / zwo od' drey stund vor dē essen / ein quintlin oder zwey Pilulæ H so soll eins vm̄ das ander abgewechßlet werden. Die auff kranckheitē
geneigt seind / vnd offt den Magen klagen / sollen
allweg den siebenden oder neundtē tag Pilulas
H einnemen: die andere mögen nur alle Monat
ein mahl oder zwey brauchen / auß eim quintlin
Pilulæ mag man so vil pilulas machē als man
will: man mag sie mit Veyolsyrup einnemē: wer
nit fasten kan / der mag vnderweil ein wenig ge-
bäher Brot essen / vnd ein wenig Wermut oder
Salbey / oder Müntz od' Melissenwein od' Mal-
uasener drauff trincken. Vnder solchen weylen
ist sehr nutz / zur wochen oder in viertzehen tagen
ein mahl vom Tiriacks / einer Haselnuß groß /
frühe einnemē / vñ darauff vngefähr anderthalb
stund schwitzen / in einem Betthe / vñ fünff stund
drauff fasten. Wer von natur nit wol schwitzet /
der mag in einer Badstuben sich abweschen / vñ
ein viertel stund sich ein wenig erwermen / darnach sich ins Bett legen vnd schwitzen. Man sol
aber am selben tag nicht an Lufft gehn: schwitzt
man von natur nit gern / so sol man acht haben /
so bald ein schweiß kom̄t / daß man sich wol decke
vnd schwitze. Es sol sich ein jeder befleissen / täglich ein mahl seinen Leib von vberflüssigkeit /
durch den stulgang zuentledigen / vnd wo solches
                                                    die

die Natur nit ſelbs würcket/mit Stulzäpflin od
linden trincklein machen/ oder mit eim quintlin
Pilulę H oder mit iiij.quintlin Roſenſyrup/od
iij.quintlin Manna / od mit zwey quintlin Rhabarbari/oder Senetbletter mit eim Gerſtenbrülin. Es wirt auch in ſolcher zeit verbotē vberiger
vñ vnzeitiger ſchlaff / ſo am tag geſchehen mag/
als namlich bald auff das eſſen. Man muß fliehen groſſen Hunger / Waſſerbad / ſchwitzen in
der Badſtubē/ alle vnmeſſige vñ groſſe Vbung/
auch hitz/zorn/forcht/vnmut/vnd was das hertz
beſchwäret. Vor allen dingen aber ſoll man ſich
ſauber mit Leynwad/Hembdern/vñ allen Kleydern halten/ ſie offt abwechslen/bereuchen/ am
Fewr außtrocknen. Weil nun/ als das / was
wir bißher gerahten haben / wenig nutz iſt / wo
man nit ordenlich lebet mit eſſen vnnd trincken/
ſo iſt von nöten / daß der Menſch zu ſolcher zeit
ſich hüte vor vnmeſſigen vnd vnordenlichen eſ
ſen vnd trincken/ das man nur ſo viel eſſen vnnd
trincken ſoll/ daß die natürliche Krafft erhalten
werde / damit der Leib mit vielen vnd vberflüſſigen böſer feuchtigkeiten nit beladen werde / daß
er das Gifft nit leicht empfahe: dañ ein Menſch
d in vnordnung lebt / viel bälder vergifftet wird.
Mann muß ſich mit allem fleiß auch hüten vor
ſpeiß vnnd tranck / eines ſchädlichen ſaffts oder
narung : Solche ſeind allerley ſtinckende Fiſch
　　　　　　　　　D iij

vñ Fleisch / Fisch auß allerley schleimigē vñ stehendē Wassern/ vñ sonsten schleuniger Speiß/ als Ael/Karpffen/Schleyen/Schneckē/Wasservögel/Jngeweyd/faiste/Geblůt/Pfifferling/ Pflaumen / Maulbeer / Cucumern/ Melonen/ Kürbsen/Trauben/ Pfersich/ saur Kraut/grün vnd rohe Obs. Weitters soll man sich hütten/ vor aller feisten Speiß / gesotten oder gebraten/ auch was mit viel Ancken oder Schmaltz bereitet ist/ als gebachens/ Küchlein/Pasteten vnnd Kuchen auß Ayer vnnd Mähl / darzu von aller Milchspeiß / Käß vñ was drauß gemacht wird. Des schweinen Fleischs soll man zu dieser zeit/ sonderlich müssig gehen : als auch das bald faulet/ vñ alles was hart däwig ist/ soll man meidē. Ein jeder meide vilerley Speiß auff ein mahlzeit/gebachen vnnd gebraten Ayer/ Milchspeiß/ Milch/Fisch vnd Ayer zusamen:Fische/Fleisch vnd Ayer vber ein Tisch / vnd was ein jeder gemerckt/ das jhm zu andern zeit am schädlichsten gewesen ist. Mann soll Kost brauchen/die einen guten Safft geben / als da ist Widerfleisch/ Kalbfleisch/Gytzelein/ Rähe/ Wildpret/ junge Häselin/ Capaunen/ Hännen / junge Tauben/ Fassanen / Hasel vnnd Räbhüner/ Aurhanen/ Krammatzvögel/Mistler/Ampseln/ Wachtelē/ Turteltauben/ Lörchen / Fincken vnd alle kleine gefügel / frische weich gesottene Ayer / Fisch/

welche

welche ſich in grieſſigen vnnd flieſſigen Waſ-
ſern vben / Süpplein auß Gerſten / Habern/
Ryß/mit Fleiſchbrü vnd Eſſig/ die nicht zu fei-
ſte / Mandelmilch vnnd Müßlin mit Gerſten/
Erbſen vnnd Ziſernbrü / mit eim wenig Peter-
linwurtz vnnd Zimmet/ mag man etwann morgens brauchē. Die kleine Steckrüblin ſeind nit
böß. Brott auß einem nicht zu ſehr gebeuttelten
Weitzen oder dinckel Meel gemacht/ das wol
gearbeit/zimlich geſäurt/geſaltzen vnd gebachen
ſey / nicht gar zu new oder zu alt / gebratens iſt
beſſer als geſottens / trocken als was feucht iſt.
Der aller beſt zuſatz wirdt ſein der Safft von
Pomerantzen / Citronen / Limonen / Erbſeln/
Saurampffer/ vnzeitigen Traubē/ Roſeneſſig/
Capparn/ Oliuen auß Eſſig vnd Saltz/Näge-
lein/Zimmet/Muſcatnuß vñ Blüſt/ Saffran/
Imber. Es iſt auch geſundt allezeit mit dem
Fleiſch/Saurampffer/Borretſch/ Ringelblu-
menkraut/Endivien. Im Winter aber/Peter-
linwurtzel/Roſmarinſtengel/ Salbey/ Maio-
ran/ Saturey/Yſop / Quendel zu ſieden /vnnd
gleichfals ins gebraten zuſtecken. Es mögen die
gedörte Damaſcen / Pflaumen/ Kirſchen/ Zi-
beben vñ Roſeinlein/ Zum erſten vorm eſſen gebraucht werden vnd nach dem eſſen ſauräpffel/
Büren / Quitten gekocht oder gebraten. Zum
Tranck ſoll man nemmen einen weiſſen / klaren

D   tiij

vñ lautern vngefelschten Wein/oder einen dün-
nen rhoten / so man Clarcht nennet/ etwas biß-
lecht oder saurlecht/nicht süß noch zu saur/nicht
starck/ nicht new/ dann der newe ist eines bösen
Saffts. Mann mag Kreutterwein auß Wer-
mut/ oder Salbey/ oder Roßmarin oder Melissen brauchen/doch wann sie lauter seynd.

Vnder allen mitteln ist kein bessern rhat vnd
artzney/ dann sich deren Leut vñ Häuser enthal-
ten/ da der brest ist / wo es geschehen mag ohn
nachtheil seins beruffs vnnd Christlicher liebe/
Weil aber Vnchristlich ist/vnd Vnmenschlich
einander ohn rhat vnd hülff verlassen/ vnd dar-
neben nicht von nöthen./ daß sich jederman in
gefahr begebe ohn vrsach / dann es ein erbliche
Kranckheit ist/ wer mein meinung / daß so bald
ein Person sich vbel befinde/daß man sie absün-
derte von den gesunden/vnd legte in ein besondere Kammer oder Stuben/ weit von den andern
im Kloster oder ausserthalb/ vnd daß man jr ein
oder zwo Personen zngebe/die fleissig vnd ernst-
lich dem Krancke auffwarteten / wo sich in drey
oder vier tagen kein Pestilentz befinde/ so möcht
zu jr gehen/wer da wolt. Es ist von nöthen/daß
man die Knecht vñ Mägd alle purgiere mit Se-
netbletter/ oder etwas anderst. Dieweil aber die
Pestilentz ein gar gächliche vñ sorgliche Kranckheit ist/ welche. bedarff auch eins geschwinden
vnd

vñ ernstlichen rhats/haben wir auch etwas auff
die nothe zu richten lassen.

So baldt einer wirdt etwas klagen / fürnemlich am Magen / so soll man die Kreutter I inn
Wasser sieden zu eim träncklin/darnach durch-
sächten/vnd iiij. loth Rosensyrup mit Rhabar-
bara darunder mischen / oder drey loth Rosen-
syrup/vnd gleich warm eynemmen/vmb welche
stund es wölle (so sehrn man jn vier oder fünff
stund nit gessen hette) nach dem muß man vier
stund fasten. Wo man dises vorderige tränck-
lein nicht nemen wolt/ so soll man von der purgierenden Latwerg K. zwey loth nemmen in eim
Löffel/ oder ein träncklin darauß machen / mit
Melissen oder Cardebenedictwasser / oder Eh-
renpreiß/oder Wegwart. Solt aber die Pestilentz mit einem Bauchlauff jemand anstossen/
so soll man dem Krancken geben zwey quintlein
gestossenRhabarbara/vnd vier loth vnsers Syrups mit Rosenwasser / oder Ehrenpreiß oder
Melissen. Wer es sach / daß man innerhalb
zwölff oder viertzehen stund nicht besserung be-
finde nach ð purgatz/ soll man ein solches tranck
einnemen (wa kein besondere hitz verhanden
were) ein quintlin des guten oder schlechten Ti-
riacks/drey Löffel von ewerm Brantenwein/vj.
loth Melissen / oder Cardabenedict/od Ehren-
preyß oder Salbeywasser. Mann soll es warm

D   v

einnemen / vnd darauff schwitzen ein stund oder
zwo / oder so lang als man mag. Wo man gar
hitzig were vnd brennet / so soll man von der Latwerg D iij.quintlin nemen / Pestilentzwasser G.
zwey quintlin / vnd der vorgenanten distilierten
Wasser eines / oder Wegwart / oder Sauram-
pfferwasser / oď Burtzel / oď Rosenwasser. Man
soll auch drauff schwitzen. Wo man die purgierende / oder schwitztrencke nicht behalten möcht /
sonder ein lust kenne zuerbrechen / So lasse mans
geschehen / vnd darnach vber ein stund oder halbe stund / gebe man jm ein anders. Nach dem
Schweiß soll man in wol außtrückenen / vnnd
Rosenwasser / Melissenwasser / mit ein wenig
Essig / vnnd ein wenig Saffran vber das Hertz
warmlechtig / mit eim saubern tüchlin schlahen /
man mags offt erneuwern Die Schweißtrenck
mag man etlich mahl geben / als den ersten / den
dritten vnd fünfften tag. Mann soll jnen offt geben in Mund zuhalten Täfelin / Krebsaugen /
Latwergen / oď Manus Christi. Ist nützlich offt
an Rosenwasser vnd Essig riechen. Kein Wein
soll man trincken / sonder Zimmet oder Gerstenwasser / oď wasser mit Violen Syrup gemischt.
Vor der kälte soll man sich wol hüten. Man soll
vnderweil Stulzäpflein brauchen / wann der
Bauch verstopfft. Der Lufft soll offt gereiniget
werden / durch Fewr vnd Essig auff ein gluen-
den Stein geschüttet.　　　　　　Wo

Wo ein Geſchwulſt an eim ort gefundē wur-
de/ſo ſoll man ſie gleich mit Zwibel/ Lilgēwurtz/
Rettich/ Wolgemut/ Poley/ Meliſſen/ Kirch-
yſop/ Pappeln/ Chamillenblumen/ Leinſamen/
Fenogrecū/ Baldrian/ in Wein geſottē/ warm
bähen/vnd auff die Geſchwulſt/oder darinnden/
wo groſſer ſchmertzē were/ſchrepffen/ vñ Köpffi-
lein ſetzen. Nach dem ſoll man in wieder bahen/
vñ von dem Pflaſter darüber legē / oder getocht
Zwibeln. Wo aber kein Wundartz oder Bader
verhanden were/ ſoll man vber die geſchwulſt
thun einer Bonē groß / von dem deüg verzeichnet M/ vnd darüber ein Pflaſter / das ſoll fünff
oder ſechs ſtund drauff bleiben / Wo aber ein
Blatter ſol auffwachſen/ ſol man ſie auffſtechē/
vñ von der Salb N ein klein Pflaſter machen/
vnd offt bähen.

Solches hab ich von der Peſtilentz/ wie man
ſich vor derſelbigen bewahren / auch ſo man damit behafft wurde / was man in der eyl thun
ſoll/ biß man weiters rhat haben köne / auffs
kürtzeſt/ſo viel es mir jetz müglich/anzeigen wöl-
len/ darmit ich nach mein vermögen E. G.
mein willige vnnd vnderthenige dienſt erzeigte.
Gott der Allmechtig/der die Peſtilentz zur züch-
tigung vnnd ſtraff vnſerer Sünden zuſchickt/
wölle durch Chriſtum Jeſum ſeinen Sohn/
den rechten Medicum, vnſere Artzneyen vnnd
Mittel

Mittel fruchtbar machen / das wahre gedeyen
geben/vnd E.G.sampt den Würdigen Frawen
(wo sein will ist) vor solchem vergifften Fieber
vnd Plag der Pestilentz behüten vn̄ bewahren/
Amen.   Geschrieben eylends zu Bechamp/
Septemb. 1.   Anno 1575.

Volgen obverzeichnete Remedia.

A. R. Trochisc. contra pestem cum mo-
       scho ʒ vj.
B. R. Troch.sine moscho ℥ ij.
C. R. Tabul.contra pestem ℥ iiij.
D. R. Elect.contra pestem ℥ iiij.
E. R. Theriac.opt. ℥ ij.
F. R. Theriac. diatessaron cum additione
       ℥ iiij.
G. R. Aquæ contra pestem ℥ iiij.
H. R. Pilul.contra pestem ℥ j.ß.
I. R. Meliss.Scord. ana. M. ß.
       Angelic.Cort.citri, Carlinę, Sem.fænic.
       ana. ʒ ij.Senæ ʒ ix.
       Omnia contundantur & inuoluantur
       charta,parentur tres doses distinctæ.
K. R. Diaphæn.Elect.de succo ros.ana. ℥ j.
       Catholici ℥ ij. Misce pro 4.dosibus.
L. R. Diachyl.magni ℥ ij.
M. R. Fermenti ℥ j ß.
       Cantharid. ʒ ß.Misce.

                          N.R.Basi-

N. R. Baſilici ʒ ij.

R. Angelicæ ʒ j.

Puluis ad ſuffitum, qui paratur Mompelgardi in officina Theobaldi Noblot I. E. C. Pharmacopæo.

R. Maſtich. ʒ ij.
Ircos,ſandarachæ ana. ʒ ij. Ɔ ij.
Calami aromatici,Cyperi ana. ʒ j.
Caryoph. Ɔ ij.
Roſ.rubr. Ɔ iiij.
⸜ Beriomi, Styrac. ana. Ɔ ij. fiat puluis
groſſo modo.

Trochiſci qui parantur in prædicta officina.

R. Beniomi,Styrac.calam. ana. ʒ j.
Ladani ʒ ij.
Ligni aloes ʒ iij.
Santali citrini ⎤
｝ana. ʒ ij.
Cinamomi ⎦
Nucis moſch.Caryophyl. Styrac. liqui-
dæ ana. Ɔ ij.
Sacchari albiſſ. ʒ iij.
Moſchi electi Ɔ j.
Pulueriſanda puleriſ. & cum ſ. q. mucilag.
Tragac. in aqua odoriſera infuſæ fiant
trochiſci. Dieſe

Diese Salb für die Pestilentz offt bewehret.

Erstlich gemeinen öls 2 untzen. Terpentin/ Petroly/ Holderöl/ laurini/ Tachsenschmaltz / jedes 2 untzen. Malvasier 6. untz. Wermutkraut/Vergiß mein nit/ Dillkraut/ Salbey / Rautthen / jedes zwo handvol. Solches mit einander gestossen/biß so lang/daß der Wein eingesotten ist / darnach mit einer Pressen außgetruckt / vnd ein wenig Wax darein gethan. Solches dann in ein Bleyen Büchslein gethan/vñ alle morgen eines Groschen breits/in die Hertzgruben gestrichen/ vnd einer Erbs groß in die Naßlöcher ein wenig gestrichen.

E N D E.